COMITÉ DE PROTECTION ET DE DÉF[ENSE]

DES

INDIGÈNES

ILE SAINTE-MARIE

DE MADAGASCAR

SIX MILLE FRANÇAIS

DÉPOUILLÉS DE LA QUALITÉ DE CITOYEN

Prix : 0 fr. 50 centimes.

PARIS (V°)

V. GIARD ET E. BRIÈRE, LIBRAIRES-ÉDITEURS

16, RUE SOUFFLOT, ET 12, RUE TOULLIER

1911

COMITÉ DE PROTECTION ET DE DÉFENSE

DES

INDIGÈNES

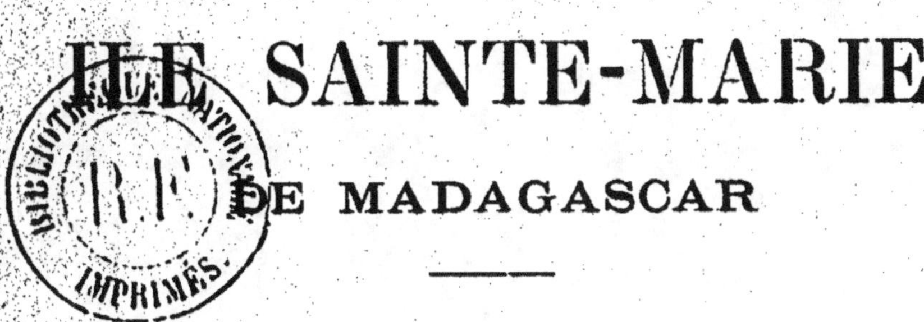

ILE SAINTE-MARIE

DE MADAGASCAR

SIX MILLE FRANÇAIS

DÉPOUILLÉS DE LA QUALITÉ DE CITOYEN

Prix : 0 fr. 50 centimes.

PARIS (V^e)

V. GIARD ET E. BRIÈRE, LIBRAIRES-ÉDITEURS

16, RUE SOUFFLOT, ET 12, RUE TOULLIER

1911

ILE SAINTE-MARIE
DE MADAGASCAR

MÉMOIRE ET PÉTITION
Par M. Joachim FIRINGA

Le Comité de protection et de défense des Indigènes, après avoir pris connaissance des documents publiés ci-dessous, que lui a communiqués M. Joachim Firinga, natif de l'île Sainte-Marie de Madagascar, a décidé d'appuyer les revendications des habitants de cette île auprès du gouvernement français.

(Séance du 16 décembre 1910)

I

MÉMOIRE

Avant-propos.

Un décret du 3 mars 1909, réglementant la naturalisation des indigènes à Madagascar, dispose, en son article 1ᵉʳ, que « l'indigène né à Madagascar ou dans ses dépendances, avant ou après l'annexion, est *sujet* français. »

Un autre décret, daté du 9 mai 1909, portant réorganisation de la justice indigène à Madagascar, rend justiciables des tribunaux indigènes tous « les individus originaires de Madagascar et dépendances ou autres possessions françaises, ne possédant pas la qualité de citoyens français ou une nationalité étrangère reconnue ».

La promulgation de ces deux décrets a eu pour conséquence d'assimiler les originaires de l'île Sainte-Marie aux indigènes de Madagascar. De sorte que les Saintmariens, qui jusqu'alors jouissaient du statut français et n'étaient justiciables que des tribunaux de droit commun, se sont vu enlever une situation acquise et, du jour au lendemain, ont été rendus justiciables des tribunaux indigènes.

Estimant qu'il y a dans ce changement radical une violation manifeste des droits qu'ils avaient acquis avant leur rattachement à Madagascar, les originaires de l'île Sainte-Marie revendiquent la qualité de citoyens français.

Mais, sous prétexte « qu'à aucune époque, aucun acte ne leur a conféré cette qualité », le Ministère des Colonies, dans la réponse qu'il fit à une requête présentée au nom des Saintmariens, leur conteste le titre de citoyens.

Telle est la question saintmarienne.

Elle vient d'être soumise à l'examen du Parlement, qui en a été saisi par une pétition que nous publions ci-après.

Il a paru utile de réunir dans le présent mémoire tous les renseignements qui se rattachent à cette question.

Renseignements géographiques, administratifs et économiques.

L'île Sainte-Marie s'étend parallèlement à la côte Est de Madagascar, dont elle n'est séparée que par un étroit chenal. Elle est comprise entre 16° 40′ et 17° 8′ de latitude S. et 47° 8′ 39″ et 47° 55′ de longitude E.

Sa longueur est d'environ 55 kilomètres du Nord au Sud, sur une largeur moyenne de 4 kilomètres, et sa superficie de 160 kilomètres carrés.

Sainte-Marie, qui est la plus petite des provinces de

Madagascar, a été érigée en commune par arrêté du 16 février 1896.

A la tête de l'administration se trouve un administrateur des colonies, cumulant les fonctions de maire, de juge de paix et, depuis le décret du 9 mai 1909, de président du tribunal indigène du 2ᵉ degré.

Les principaux services civils sont représentés dans la petite île : douanes, travaux publics, enseignement, service postal, etc.

La population totale de l'île, d'après le guide-annuaire de Madagascar d'où sont extraits ces renseignements, est de 5.663 habitants : 76 Européens ou assimilés, 18 Asiatiques et Africains et 5.569 indigènes.

En outre, on peut évaluer à 2.000 le nombre de Saint-mariens habitant Madagascar.

Sainte-Marie tire sa principale ressource de la culture du giroflier, de la vanille et du cocotier. Le cacao, l'ylang-ylang et le caféier Libéria y poussent très bien. Les cultures vivrières et les produits de la pêche constituent les ressources ordinaires de la population.

Annexion et rattachements.

Sainte-Marie fut annexée au domaine colonial de la France par voie de cession volontaire faite, le 30 juillet 1750, par la reine Béti, fille de Ratsimilaho, de son vivant roi de Foulepointe et d'une partie de la côte Est de Madagascar.

Après quelques essais de colonisation, l'île a dû être abandonnée momentanément. Elle fut reprise et occupée définitivement le 15 octobre 1818.

Depuis cette époque et jusqu'en 1843, Sainte-Marie forma une dépendance de la Réunion. Puis elle fut successivement placée sous l'autorité du commandant supérieur de Nossi-Bé et dépendances (ordonnance du 29 août 1843) et du commandant supérieur de Mayotte et dépendances (ordonnance du 10 août 1844).

Les difficultés des communications avec Mayotte firent tout d'abord, en 1847, placer Sainte-Marie sous les ordres du commandant de la station navale pour la direction des affaires politiques, puis constituer, le 18 octobre 1853, l'île en commandement distinct. Sainte-Marie forma alors un établissement financièrement indépendant et relevant politiquement de la Réunion.

Mais on reconnut l'impossibilité de laisser une vie administrative complète à une colonie si peu importante, et elle fut de nouveau rattachée à la Réunion le 27 août 1876, jusqu'au moment où la reprise de notre action à Madagascar permit de rattacher Sainte-Marie, d'abord à Diégo-Suarez (4 mai 1888), puis au gouvernement de la grande île (28 janvier 1896). Voy. P. Dislère, *Traité de législation coloniale*, t. Ier, p. 45.

.˙.

Situation faite aux Saintmariens avant le rattachement de l'île à Madagascar.

En prenant possession de Sainte-Marie, la France avait surtout pour but l'annexion de Madagascar : « le drapeau de la France flottant sur l'île Sainte-Marie couvrait tout le territoire et tous les droits de la France sur Madagascar » (Débats parlementaires, séance du 28 mars 1884). C'était là sa politique extérieure.

A l'intérieur, l'administration s'attachait à civiliser les indigènes et à en faire des Français. L'*assimilation* était alors à la mode et elle formait la base de la politique coloniale. Tout tendait vers ce but.

Aussi, peu à peu, le droit coutumier indigène tombait en désuétude et faisait place, à Sainte-Marie, au droit civil français, dont on nous inculquait progressivement les principes.

Ce changement dans nos mœurs, cette *francisation*, se fit surtout sentir à partir de 1853, époque où l'on constitua la petite colonie en commandement distinct.

L'esclavage avait été aboli dans l'île, en 1848, en même temps que dans toutes les colonies françaises. On indemnisa les Saintmariens au même titre que les autres propriétaires d'esclaves. Les théories égalitaires furent alors propagées chez nous comme elles le furent ailleurs.

Pour aider à la diffusion des nouvelles idées, des écoles étaient créées dans l'île. Par un effort constant, par un contact journalier avec leurs éducateurs européens, les Saintmariens s'acheminaient graduellement vers le but qui leur était assigné : conformer leur manière d'être, de vivre, à celle de leurs maîtres en civilisation.

Et cela leur était d'autant plus aisé qu'il n'existait pas dans l'île d'institutions sociales ou religieuses auxquelles ils auraient pu être fortement attachés. Leur assimilabilité ne faisait donc aucun doute.

D'autre part, la francisation des Saintmariens se faisait aussi par l'éducation régimentaire. On leur apprenait que pour être de bons Français, il fallait d'abord être soldats. Comme il y avait en permanence une petite garnison à Sainte-Marie, l'administration soumit les indigènes à la conscription.

C'est ainsi que les Saintmariens furent astreints à faire sept ans de service militaire de 1837 à 1850, cinq ans de 1851 à 1866 et trois ans de 1867 à 1877. L'enrôlement avait lieu par voie de tirage au sort. Une partie du contingent alimentait l'inscription maritime et faisait son service sur les navires de l'État, qui composaient la station navale de l'Océan Indien. C'est à ce titre que des marins saintmariens firent partie de l'expédition de Chine (1857-1860).

Le lieutenant de vaisseau Delagrange, qui fut commandant de l'île pendant dix ans, de 1858 à 1868, fut le meilleur artisan de la francisation des Saintmariens. Doué d'une grande bonté d'âme, il donna une vive impulsion à l'administration de l'île, tâche à laquelle il convia les indigènes eux-mêmes.

Cette administration était exclusivement française. Toute trace d'organisation indigène avait disparu. Seules, les lois françaises étaient appliquées à Sainte-Marie et à ses habitants.

Le commandant Delagrange s'attacha surtout à rendre familières aux Saintmariens les constatations de l'état civil. Pour ce faire, il mit un Saintmarien à la direction du bureau chargé de ce service.

Il y a lieu de remarquer que ce n'était pas comme officier d'état civil au titre indigène que ce Saintmarien remplissait ces fonctions, mais comme officier d'état civil français, procédant, en cette qualité, aux mariages des Européens ou assimilés comme à ceux des Saintmariens. Les actes de l'état civil concernant les uns et les autres étaient consignés sur les mêmes registres.

Les successeurs du commandant Delagrange continuèrent cette tradition, et bientôt l'on vit des Saintmariens se succéder à la tête du commissariat de police. Comme il y avait alors un tribunal de première instance dans l'île, nos commissaires de police furent chargés d'occuper le siège du ministère public près ce tribunal. Les fonctions de greffier-notaire, ainsi que toutes les fonctions subalternes de l'administration, furent aussi remplies par des Saintmariens.

Ayant un état civil régulier, régis exclusivement par les lois françaises, ayant rempli leurs obligations militaires, payant les mêmes impôts que les Français de la métropole ou de la Réunion établis dans l'île, les Saintmariens se considéraient comme de vrais citoyens français et étaient traités comme tels. Aucune différence légale n'existait entre eux.

Aussi, lors de la promulgation du décret du 28 octobre 1887, qui institua dans la petite île une justice de paix à compétence étendue, aucune distinction ne fut faite entre les Français d'origine et les Saintmariens. Les uns et les autres furent soumis à la même juridiction et aux mêmes lois.

Cet acte, en vertu duquel étaient rendues applicables à Sainte-Marie, sans réserve ni restriction, les lois, décrets et ordonnances qui ont promulgué ou modifié à la Réunion la législation civile, commerciale et criminelle dans la métropole, donna, en somme, une sorte de sanction définitive à la situation faite aux Saintmariens. Leur *assimilation légale* aux Français d'origine devenait complète.

En promulguant ce décret, le gouvernement reconnaissait tacitement que les Saintmariens avaient acquis la pleine nationalité française. C'était constater, une fois de plus, que les originaires de l'île Sainte-Marie étaient, légalement parlant, de vrais Français.

« Il convient de remarquer, écrit à ce sujet M. le procureur général Girard, chef du service judiciaire à Madagascar, qu'un autre décret, pris à la même date, a créé à Diégo-Suarez un tribunal indigène sous le nom de *Kabar*, pour juger, en matière civile et criminelle, les affaires relatives à la constitution de la famille et de la propriété indigènes ; ce texte, déclaré applicable à Diégo-Suarez *seulement*, est absolument significatif. »

Puis il ajoute : « Lorsque Sainte-Marie est devenue une dépendance de Madagascar, ses habitants avaient donc des *droits acquis* (c'est le procureur général lui-même qui souligne ces mots) dont assurément ils n'ont pu perdre le bénéfice par suite de leur rattachement à la grande île…. » (lettre n° 1120, en date du 31 août 1900, adressée à M. le gouverneur général de Madagascar au sujet de la situation des indigènes de Sainte-Marie).

Donc, l'application des lois françaises aux Saintmariens, leur longue soumission à la conscription et à l'inscription maritime, le fait surtout pour eux d'avoir exercé des droits politiques en remplissant des fonctions publiques, ont eu pour effet de rendre parfaite leur assimilation légale aux Français d'origine.

Situation faite aux Saintmariens après le rattachement de l'île à Madagascar.

Au moment où Sainte-Marie fut rattachée à Madagascar, la grande île n'était pas encore annexée d'une façon définitive au domaine colonial de la France, mais simplement placée sous le régime du protectorat. La loi d'annexion ne fut votée que le 6 août 1896.

Il ne s'agissait donc que d'un simple rattachement administratif qui ne pouvait avoir aucune conséquence politique sur le régime légal appliqué à Sainte-Marie et à ses habitants.

C'est ainsi que les Saintmariens continuèrent à être régis par les lois françaises et demeurèrent justiciables des tribunaux français.

La justice indigène à Madagascar, réglementée par une série d'arrêtés locaux, fut organisée par le décret du 24 novembre 1898. Cet acte ne concernait nullement les Saintmariens.

La Cour d'appel de Madagascar, siégeant à Tananarive, eut même l'occasion de se prononcer à ce sujet, et, dans son arrêt du 13 juillet 1899, elle déclara formellement : « Sont assimilés aux Européens, les habitants des anciennes colonies de Nossi-Bé, Diégo-Suarez et Sainte-Marie qui, au moment de l'annexion de Madagascar à la France, étaient déjà soumis aux lois françaises et justiciables des tribunaux de droit commun. »

Les dispositions de cet arrêt furent rappelées d'une façon expresse par le chef du service judiciaire dans sa circulaire du 18 mars 1901 (A. Gamon, *Code annoté de la législation de Madagascar et dépendances*, p. 732).

Mais, en dépit de cette jurisprudence, le gouvernement général, dans un dessein d'unification administrative, avait une tendance très nette à traiter les Saintmariens comme les indigènes de la grande île, et il les mettait ainsi dans une situation bâtarde.

Considérés comme *citoyens* français au point de vue de leurs droits civils et dans l'ordre judiciaire, les originaires de Sainte-Marie n'étaient plus traités qu'en *sujets* français au point de vue administratif.

On leur appliqua le régime de la corvée, qu'on appela prestations par euphémisme administratif. Cette corvée, n'était autre chose que l'ancien *fanompoana* institué par le gouvernement malgache (voy. Rapport d'ensemble sur Madagascar, d'octobre 1896 à mars 1899, p. 570). Et pourtant, ce régime n'avait été établi à Madagascar que comme une mesure transitoire et consécutive à l'abolition de l'esclavage en 1896. Le gouvernement général l'a formellement déclaré dans ses instructions du 31 décembre 1900 (voy. *Journal officiel*, 5 janvier 1901).

Lors de la suppression de cette corvée — qu'on s'est d'ailleurs empressé de rétablir sous une autre forme — la taxe personnelle fut brusquement portée de 5 à 20 francs. Cette taxe subit la même élévation à Sainte-Marie, et, par analogie avec Madagascar, les Européens ou assimilés établis dans la petite île, qui jusqu'alors étaient soumis à la taxe personnelle, en furent exemptés et seuls les indigènes y furent astreints.

Naturellement, cette élévation si brusque de la taxe personnelle amena la promulgation du code de l'indigénat (arrêté du 3 décembre 1901). Et en vertu du principe de l'assimilation administrative, principe en contradiction flagrante avec la jurisprudence établie par l'arrêt du 13 juillet 1899, cité plus haut, le régime draconien de l'indigénat fut aussi appliqué à Sainte-Marie.

En outre, les rares Saintmariens qui se trouvaient dans l'administration au titre français à Madagascar furent versés dans le personnel indigène. Un seul d'entre eux parvint à se maintenir dans le cadre européen ; il est aujourd'hui receveur d'un bureau postal ; mais l'administration refusa d'accepter ses versements à la caisse des retraites locales, alors qu'il subissait depuis longtemps déjà des retenues sur sa solde.

Et toujours sous prétexte que la qualité de citoyen était contestée aux Saintmariens, l'administration retira les licences pour débits de boissons qu'elle avait jusqu'alors accordées à certains d'entre eux, tant dans la petite île qu'à Madagascar. Ce fut la ruine pour quelques-uns.

De ce qui précède, il résulte que l'unification administrative de Madagascar et dépendances se fit au détriment des droits certains que les Saintmariens avaient acquis avant leur rattachement à cette colonie. Méthodiquement, l'administration poursuivit son œuvre de régression, qui aboutit à la promulgation des décrets des 3 mars et 9 mai 1909.

Ce fut la déchéance finale pour les Saintmariens.

Manifestations à Sainte-Marie.

L'injustice était trop criante. Malgré la passivité et la docilité qui les caractérisent, les Saintmariens ne purent s'empêcher de protester contre l'iniquité dont ils étaient victimes.

Le 13 octobre 1909, au cours d'une imposante manifestation, à laquelle prennent part plus de trois cents Saintmariens, nous protestons énergiquement contre la déchéance morale qu'on nous fait subir en nous déclarant *sujets* français et en nous rendant justiciables des tribunaux indigènes.

« Nous sommes citoyens français, nous l'avons prouvé,

déclarons-nous à notre administrateur-maire. Nous entendons rester Français et vivre sous l'égide de la juridiction française. Nous protestons énergiquement contre toute atteinte à notre statut personnel de Français et contre notre assimilation aux indigènes de la grande île, qui ne sont que des sujets français..... »

A l'issue de cette manifestation, nous adressons une pétition à l'administrateur-maire pour lui confirmer nos déclarations et lui demander de transmettre nos doléances au gouvernement général.

Une semaine après cette manifestation, et le lendemain de l'arrivée du courrier de Tananarive, l'administrateur-maire fit afficher en ville un avis qu'il qualifiait lui-même « d'Avis important ». L'avis était en effet important, car il était des plus équivoques.

Il commençait ainsi : « L'administrateur-maire a l'honneur de porter à la connaissance de la population saint-marienne que la législation civile, commerciale et criminelle de droit commun continuera à lui être appliquée comme par le passé, sauf de rares exceptions prévues par le décret du 9 mai 1909... »

C'était là une simple ruse administrative destinée à ménager une transition dans le changement radical apporté par le décret en question. Car cet acte est formel et, en son article 116, il dispose : « Les tribunaux indigènes appliquent en matière répressive : 1° les lois et coutume indigènes en tout ce qu'elles n'ont pas de contraire aux principes de la civilisation française ; 2° la loi française en tout ce qui n'est pas prévu par la loi malgache et dans les cas où celle-ci serait contraire aux principes de la civilisation française. En matière civile, ils appliquent les lois et coutumes locales et, s'il y a lieu, les lois et coutumes propres à la qualité des parties. »

L'Avis important de l'administration provoqua une vive émotion dans toute l'île et une seconde manifestation s'ensuivit. Cette fois, la population entière y prit part.

Plus de trois mille Saintmariens se rendirent à la résidence de l'administrateur-maire, et cela, malgré la défense formelle et réitérée qui leur en avait été faite. Cette désobéissance collective, très grave en la circonstance, était significative.

Avec plus de force encore, nous renouvelons nos précédentes protestations et confirmons nos déclarations par une nouvelle pétition. Nous avons tenu à rappeler dans cette requête l'attitude énergique prise par la population lors de cette manifestation, afin d'attirer l'attention du gouvernement général sur la résolution ferme qu'elle avait de revendiquer ses droits violés.

Et, pour bien prouver que leur résolution était inébranlable, aucun des notables saintmariens à qui l'administrateur-maire en avait fait la proposition, n'accepta d'être assesseur près les tribunaux indigènes. Il dut se rabattre sur les fonctionnaires qu'il avait sous ses ordres.

Naturalisation (décret du 8 mars 1909).

On pourrait être porté à croire, à la suite d'un examen superficiel, que l'application du décret du 3 mars sur la naturalisation des indigènes à Madagascar est la meilleure manière de résoudre la question saintmarienne, puisque cet acte donne précisément un moyen régulier d'accéder à la qualité de citoyen français.

Ce serait là une erreur.

Le Saintmarien, nous l'avons montré, est un Français *parfait*, régi par les lois françaises. Il n'a donc plus à se faire naturaliser, c'est-à-dire à demander à nouveau à être régi par ces mêmes lois. Ce serait un non-sens.

Et même, ce serait, de sa part, commettre une maladresse par trop naïve. Car, demander une chose c'est reconnaître qu'on ne l'a pas.

Da ns le Rapport précédant le décret du 3 mars 1909 le Ministre dit : « en principe la législation française n'est pas applicable aux indigènes de Madagascar ». Il serait donc absurde d'appliquer ce décret aux Saintmariens qui, eux, sont régis par la législation française.

Au reste, il est facile de prévoir que les naturalisations d'indigènes seront très rares à Madagascar, comme elles le sont d'ailleurs dans les autres colonies.

Qu'on en juge seulement par ce qui suit.

Le décret du 9 juin 1896 réorganisant la justice à Madagascar dispose, en son article 16, *in fine* :

« Les indigènes peuvent se soustraire entièrement à la compétence des tribunaux indigènes, en déclarant dans un acte qu'ils entendent contracter sous l'empire de la loi française ».

C'était là, pour l'indigène, un moyen de renoncer à son statut personnel et, par voie de conséquence, d'obtenir son assimilation aux Français, c'est-à-dire sa naturalisation.

Le gouverneur général, malgré un arrêt rendu par la Cour d'appel de Tananarive, s'opposa formellement à ce que les indigènes bénéficiassent des dispositions du décret susdit. Dans son Rapport d'ensemble sur Madagascar, il dit (pp. 220 et suiv.) : « Ce mouvement de renonciation au statut personnel parmi les indigènes du plateau central, si je ne m'y étais opposé, aurait rendu toute œuvre de colonisation impossible à Madagascar, et mieux eût valu alors envisager très sérieusement l'éventualité de l'évacuation de notre nouvelle conquête. »

Justice indigène à Sainte-Marie
(décret du 9 mai 1909).

Dans une colonie nouvellement annexée ou dans un pays où les autochtones attachent une grande importance aux traditions locales, le maintien des juridictions indigènes est un des principes élémentaires de la politique coloniale en matière indigène. Ce point est indiscutable.

Mais il serait absurde, sous prétexte de respecter les us et coutumes indigènes, d'instituer des tribunaux indigènes dans un pays où, comme à Sainte-Marie, le droit coutumier a disparu depuis très longtemps et fait place au droit civil français. Ce serait aller à l'encontre des idées de progrès et de civilisation que d'y faire revivre et d'y rétablir des coutumes tombées en désuétude.

Si la présence d'assesseurs indigènes dans les prétoires constitue une garantie de bonne justice pour ceux qui ont encore conservé le statut indigène, cette collaboration ne s'explique point et n'est d'aucune utilité pour les justiciables régis par le statut français.

Cette innovation n'est, en réalité, qu'un acheminement à notre soumission aux codes malgaches.

De deux choses l'une : ou l'on continue à nous appliquer les lois françaises et alors l'assistance d'assesseurs indigènes est une absurdité et constitue même une collaboration humiliante pour le juge de paix; ou l'on cherche à nous appliquer les lois malgaches, à faire revivre des coutumes oubliées, et alors s'explique la présence d'assesseurs indigènes.

Dans sa lettre du 6 août 1910 à M⁰ Mornard, le Ministre des Colonies dit : « Il ne pouvait être question de faire revivre, dans cette île, d'anciennes coutumes locales tombées en désuétude et auxquelles le décret du 29 octobre 1887 avait implicitement enlevé force obligatoire. Au lendemain de la promulgation des décrets de 1909, les indigènes de Sainte-Marie se sont trouvés soumis à la législation civile et pénale française, comme ils l'étaient la veille et depuis 1887 ».

Fort bien.

Mais alors, comment expliquer le changement de juridiction qu'on nous impose ? Puisque, contrairement aux dispositions formelles de l'article 116 du décret du 9 mai 1909, le Ministre affirme que c'est toujours la législation civile et pénale française qui nous sera appliquée, pourquoi modifier la procédure qui se rapporte à l'application de cette législation ? N'y a-t-il pas là une antinomie flagrante ?

Il faut plutôt avoir la franchise de reconnaître que le fait de rendre les Saintmariens justiciables des tribunaux indigènes, en les enlevant à la juridiction des tribunaux français, constitue une monstruosité sans précédent dans les ann··· oloniales de la France républicaine.

La simplification de la procédure, telle qu'elle est prescrite par les règlements sur la justice indigène à Madagascar, n'est qu'une atteinte inqualifiable portée aux garanties de liberté et de sûreté des justiciables français que sont les Saintmariens. Car « les peines, les dépenses, les longueurs, les dangers même de la justice, sont le prix que chaque citoyen donne pour sa liberté » (*Esprit des Lois*, liv. VI, ch. II).

Effectivement, sous prétexte de simplification, l'action publique est exercée exclusivement par les présidents des tribunaux ; ils sont donc toujours juges et parties en matière répressive. En outre, la défense est complètement entravée. Jamais de sursis ni de prescription dans les peines, plus de serments, pas de parties civiles, de nullités aucunes, de récusation pas davantage !

Ainsi organisée, la justice indigène n'est qu'une des formes arbitraires et intéressées de l'autorité administrative. Il ne faut pas être grand clerc pour savoir que la réunion des pouvoirs administratif et judiciaire dans la même main constitue la caractéristique du despotisme. Un peu de bienveillante équité de la part de nos dirigeants eût facilement évité de nous faire faire une si triste constatation.

Si, pour permettre à l'État-souverain d'établir solidement son autorité, un pareil régime est nécessaire dans un pays nouvellement annexé, la même nécessité ne se fait point sentir dans une vieille colonie française, telle que Sainte-Marie.

Au reste, il est curieux de remarquer que ni le Rapport précédant le décret du 9 mai 1909, ni les actes visés dans le préambule ne concernent les Saintmariens. Il ne s'agit, dans ce texte, que d'une refonte des dispositions du décret du 24 novembre 1898. Cela y est écrit en toutes lettres.

Or, le décret du 24 novembre 1898, qui organisait la justice indigène à Madagascar, ne s'appliquait ni à Sainte-Marie ni aux Saintmariens. Cette seule considération ne suffit-t-elle pas à prouver l'illogisme, l'absurdité de la mesure qu'on veut nous appliquer?

Nous avons protesté, nous protestons et nous protesterons toujours contre une telle iniquité.

Nous restons convaincus que le Parlement ne voudra pas la ratifier.

C'est donc avec confiance qu'au nom d'une petite population victime de l'arbitraire administratif, je fais ici appel à tous les amis de la justice et du droit.

Joachim FIRINGA.

II

PÉTITION AU SÉNAT

ET A LA CHAMBRE DES DÉPUTÉS

Paris, 15 novembre 1910.

Messieurs,

Une iniquité législative vient d'être commise envers les originaires d'une vieille colonie française.

Qu'il soit permis à l'une des victimes de cette iniquité de vous la signaler et de vous demander, à vous qui êtes législateurs, de vouloir bien la réparer, en faisant droit à nos légitimes revendications.

Je suis né à l'île Sainte-Marie de Madagascar. Ci-joint mon acte de naissance (pièce annexe n° 1)[1]. Cette petite île, vous le savez, Messieurs, a été annexée au domaine colonial de la France par voie de *cession volontaire*, depuis 1750. Mes parents se sont mariés conformément aux dispositions du Code civil, ainsi que cela résulte de leur acte de mariage (pièce annexe n° 2). Mon statut personnel est donc régi par les lois françaises.

[1] Il a paru inutile de reproduire ici cet acte de naissance, non plus que les autres pièces visées ci-après et annexées à l'original de la pétition.

Mon père a d'ailleurs fait, comme tous les Saint-mariens que le sort a désignés, cinq ans de service militaire, comme *appelé*. Moi-même, engagé volontaire lors de la dernière expédition de Madagascar, je suis resté six ans sous les drapeaux. Ci-joint l'attestation qui m'a été délivrée lors de ma libération (pièce annexe n° 3).

Donc, étant né sur un territoire français, de parents français dans l'acception légale du mot, je croyais être Français, et, étant majeur, jouir de la qualité de citoyen.

Eh bien, Messieurs, il paraît que je ne suis pas Français.

Oh ! je sais bien qu'entre un Français de France et le pauvre diable qui a l'honneur de vous adresser la présente requête, il y a une différence physique que rien ne saurait effacer. Mon profil africain, mes cheveux crépus, mon épiderme, mon style même, tout me dit que je suis un nègre.

En outre, les Gustave Le Bon et les De Saussure se sont chargés de démontrer que l'égalité des hommes est une notion chimérique et que la politique d'assimilation est absurde et insensée. Une grenouille, dit-on, ne peut pas être aussi grosse qu'un bœuf. C'est entendu, et je n'aurai garde de l'oublier.

Mais à cette « inégalité naturelle » la générosité française a apporté quelques tempéraments, en décrétant « l'égalité légale » de tous ceux qui vivent sous l'égide des mêmes lois et qui ont rempli les mêmes devoirs. Il est admis qu'on peut devenir Français par le *bienfait de la loi*. Il nous sera donc permis de revendiquer cette qualité, sans que cette prétention puisse paraître exagérée.

C'est pourquoi, nous trouvant dans les conditions requises pour jouir de la qualité de citoyen, nous revendiquons nos droits acquis à la nationalité française.

Or, on soutient que les Saintmariens, bien que leur statut personnel soit régi uniquement par les lois françaises, ne sont que des *sujets* français au même titre que les originaires de Madagascar qui, eux, ont encore conservé les lois et coutumes indigènes. On soutient qu'aucune différence politique ne saurait exister entre les Malgaches qui se sont opposés à la conquête de la grande île par la France et les Saint-mariens qui ont participé à toutes les expéditions militaires entreprises à Madagascar; que rien, enfin, ne saurait différencier les habitants d'une colonie annexée par *droit de conquête* en 1895, de ceux d'une petite île annexée par *voie de cession volontaire* depuis 1750.

Et pour donner à cette thèse un caractère indiscutable, sacré, on a eu soin de faire décréter notre assimilation avec les anciens sujets d'un gouvernement dont l'hostilité à la France lui valut le dernier châtiment; on est allé, pour rendre cette assimilation plus complète, jusqu'à nous enlever à la juridiction des tribunaux français pour nous rendre justiciables des tribunaux indigènes.

De sorte que l'annexion de Madagascar a eu pour nous, Saintmariens, un effet plutôt..... inattendu. Nous sommes même moins bien traités que les indigènes de la grande île. A ceux-ci, le gouvernement français a maintenu leurs lois et coutumes tout en les améliorant progressivement de façon à les adapter au nouvel état de choses. Aux Saintmariens, sans doute pour reconnaître leur vieille fidélité et leur dévouement à la mère-patrie, on a enlevé le régime du droit commun qui les régissait alors et on les a soumis à celui de l'indigénat. D'un trait de plume, on nous a retiré les précieuses garanties que nous trouvions dans la justice française, et l'on nous a jetés dans l'arbitraire de la justice indigène (voy. ma brochure ci-jointe sur la justice indigène à Sainte-Marie (pièce annexe nº 8).

En somme, c'est nous qui avons été conquis, absorbés par Madagascar. La centralisation administrative nous a transformés en malgaches taillables, corvéables et incarcérables à merci. La justice française n'existe plus pour nous. Ce sont les tribunaux indigènes qui nous jugent maintenant.

Voilà le fait, Messieurs. Telle est la situation déplorable que nous a valu notre rattachement à un pays conquis. Après nous avoir fait participer à la conquête de Madagascar, on nous fait subir le sort des indigènes de la nouvelle colonie. Comme eux, nous vivons sous un régime d'exception.

C'est cette déchéance morale qu'on nous inflige gratuitement qui constitue l'iniquité dont nous sommes victimes.

Et cette iniquité est d'autant plus monstrueuse que nous n'avons rien, absolument rien fait pour mériter une telle déchéance.

Il eût été compréhensible qu'on usât de rigueur envers nous si, par exemple, nous avions manqué de loyalisme ou fait preuve de tiédeur au service de la métropole. Il eût été rationnel qu'on nous rendît justiciables des tribunaux indigènes si nous avions conservé les us et coutumes de nos ancêtres.

Mais, tel n'est pas le cas. Au contraire, les Saint-mariens n'ont pas manqué une occasion de témoigner leur attachement à la France. Aucune expédition n'a été faite à Madagascar sans que nous y ayons pris une part, modeste c'est vrai, mais effective.

Pendant près d'un demi-siècle, la conscription et l'inscription maritime ont fonctionné chez nous. Ces services n'ont été supprimés que pour raisons budgétaires. Il convient même de faire ici une remarque importante : c'est que les pensions faites à nos vieux marins ou à nos réformés pour blessures reçues en service commandé ont été décomptées sur la même base que celles des retraités de la métropole. Des Saintmariens ont rempli, pendant plus de vingt ans, des fonctions publiques, telles que celles de commissaire de police faisant fonctions de procureur de la République près le tribunal de première instance de l'île, d'adjoint au maire faisant fonctions d'officier d'état civil français, et de greffier-notaire, fonctions qu'ils n'auraient pu valablement exercer sans jouir de la qualité de citoyen français.

Notre statut personnel est régi exclusivement par les lois françaises et jusqu'à présent nous n'étions justiciables que des tribunaux français.

Il y a là, vous en conviendrez, Messieurs, une situation de fait nettement caractérisée qui crée une présomption plus que suffisante en faveur de la nationalité française que nous revendiquons. Nous avons incontestablement acquis la *possession d'état* de la qualité de Français, et si l'on s'en réfère à la Constitution de l'an VIII, la seule qui définisse la qualité de citoyen, cette qualité ne saurait, ni en fait, ni en droit, nous être déniée.

Mais cette situation importe peu à ceux qui veulent violer nos droits acquis à la nationalité française.

Une nouvelle école est née. La « politique d'association », féconde en résultats, je me hâte de l'ajouter, remplace l'ancien système. Cette nouvelle politique est appliquée à Madagascar, colonie à laquelle on nous a rattachés alors que la loi d'annexion n'avait pas encore été votée.

Lors de ce rattachement (28 janvier 1896), le législateur a pourtant eu soin de spécifier que l'île Sainte-Marie, comme d'ailleurs les anciens établissements français de Diégo-Suarez et Nossi-Bé, serait érigée en commune, c'est-à-dire administrée autrement que la nouvelle colonie. Mais, progressivement, on nous applique tous les règlements en vigueur à Madagascar.

Quelques protestations se font entendre ; mais, avec l'indigénat qu'on nous applique arbitrairement, la moindre velléité d'indignation est vite réprimée. D'ailleurs, notre pays est si petit (160 kilomètres carrés) ; et nous, peu nombreux (6,000 habitants), nous sommes si faibles ! Pris dans l'engrenage de la puissante machine administrative, nous allons être broyés.

Et l'on vous a une façon vraiment ingénieuse d'arranger les choses. On s'empresse de déclarer que notre assimilation aux indigènes de la grande île « constitue un progrès indéniable » sur l'ancienne réglementation, et que nous verrons, dans cette déchéance, « une nouvelle marque du bienveillant intérêt qu'on nous porte » (voy. Rapport précédant le décret du 9 mai 1909).

Quoi ! on nous a fait franchir progressivement les étapes de la civilisation jusqu'à nous assimiler complètement aux Français de la métropole ; on nous a soumis aux mêmes lois et aux mêmes devoirs, notamment au service militaire ; puis, brusquement, sans qu'on puisse nous reprocher d'avoir démérité, on nous ramène en arrière, en criant bien fort qu'on nous fait marcher de l'avant ! Admirable ironie !...

C'est à se demander vraiment si nous sommes encore en territoire français ou si nous n'habitons pas quelque pachalik perdu ! C'est à se demander si l'on ne se sert pas de la signature du chef de l'État pour couvrir d'un semblant de légalité la plus monstrueuse iniquité qu'on puisse commettre sous un régime démocratique.

L'injustice est criante, mais on feint de ne pas en convenir, on ergote.

Jouant sur les mots, on nous dit que les décrets qui nous assimilent aux sujets français et qui nous rendent justiciables des tribunaux indigènes « n'ont nullement modifié, *au point de vue de la législation* qui leur est applicable, la situation des indigènes de Sainte-Marie ».

Puis, on conclut, non sans ironie : « vos inquiétudes sont donc entièrement injustifiées. »

Mais comment donc !.... La raison du plus fort n'est-elle pas toujours la meilleure ?.... Nous avons certes grand tort de nous plaindre, et l'on est vraiment bien bon de le tolérer. Nous ne sommes que des ingrats, cela est évident.

Ah ! liberté, égalité, fraternité ! Vains mots dont on abuse chez nous pour mieux nous opprimer ! Vains mots couvrant la force primant le droit ! Pauvres naïfs que nous sommes d'avoir cru que la devise républicaine était un article d'exportation !

C'est au nom de la liberté, de l'égalité et de la fraternité qu'on veut nous transformer en *hovas*. Jadis, en classe, on nous infligeait des pensums quand nous parlions le patois du pays. Aujourd'hui, on impose des livres hovas à nos élèves; les pièces provenant des tribunaux indigènes qu'on a institués chez nous sont toutes écrites en langue hova. Nos registres d'état civil même sont établis en hova. Jadis, on nous francisait: maintenant c'est la *hovachisation*. Hier, le droit commun; aujourd'hui l'indigénat.

C'est aussi au nom de la liberté, de l'égalité et de la fraternité qu'on nous applique ce code draconien. Ah ! l'indigénat, Messieurs, quelle heureuse trouvaille pour mater les vieux serviteurs que l'on assimile à des anciens insurgés et à des sauvages ! Quelle bonne corde pour étouffer tranquillement les cris des enfants qu'on écorche tout vifs ! On vous arrête sans mandat, on vous embastille sans jugement. En un mot, on vous met hors la loi parce que,..... tel est le bon plaisir de messieurs les dirigeants.

Certes, le code de l'indigénat est, je le reconnais, une arme utile, indispensable même, pour maîtriser un peuple vaincu et combattre sa force d'inertie. C'est un instrument qui est à la domination des races dites inférieures ce que le fusil est à la conquête. L'un est l'emblème de l'arbitraire et du despotisme comme l'autre incarne la violence et la force. Aussi son utilisation ne doit-elle pas être la règle, mais l'exception ; on ne doit s'en servir que dans les cas où, comme le dit si bien l'immortel auteur de *l'Esprit des Lois,* il faut mettre pour un moment un voile sur la liberté.

Mais appliquer ce code draconien à des gens dont la fidélité et la docilité sont à toute épreuve, l'appliquer aux Saintmariens dont l'assimilation aux Français est si parfaite que seules les lois françaises sont en vigueur chez eux, c'est leur infliger une humiliation toute gratuite et, ce qui est pis, c'est commettre à l'égard de dévoués serviteurs une injustice inqualifiable et bien peu digne d'un gouvernement qui se réclame tant des grands principes de justice et d'humanité !

Et à cet amas d'iniquités, on vous oppose la Loi (avec un grand L), *Dura lex, sed lex* !..... L'opprimé se heurte au roc inébranlable de la législation coloniale. A l'abri de l'art. 18 du sénatus-consulte du 3 mai 1854, la bureaucratie de la rue Oudinot peut, en toute quiétude, commettre les pires abus d'autorité.

Nos droits acquis sont méconnus, mais ; sous prétexte que la législation qui nous est applicable n'a, de ce fait, subi aucune modification, nos revendications sont, paraît-il, injustifiées. A nos droits violés, on oppose la loi qui permet cette violation.

Nous nous trouvons ainsi enfermés dans un cercle d'où nous ne pourrons sortir que si vous daignez, Messieurs, vous apitoyer sur notre malheureux sort.

Vous savez, Messieurs, que, au commencement de cette année déjà, l'un des vôtres, l'honorable M. Cicéron, dans son rapport sur le budget des colonies fait au nom de la Commission des Finances, avait insisté pour que le gouvernement étudiât la question saint-marienne « avec le soin le plus scrupuleux, avec la résolution de la solutionner rapidement et équitablement ».

D'autre part, un jurisconsulte éminent, Me Henry Mornard, avocat au Conseil d'État et à la Cour de Cassation, a présenté en notre faveur une requête au Ministère des Colonies (pièce annexe n° 4).

De notre côté, nous n'avons cessé de protester avec

la dernière énergie contre l'humiliation imméritée qu'on nous infligeait en nous assimilant aux indigènes de la grande île. Je joins à la présente requête les deux pétitions que nous avons adressées à l'administration locale, à la suite des deux manifestations que nous avons faites à Sainte-Marie; une ampliation de ces pétitions a été adressée au Ministère.

Mais il n'est, dit-on, pire sourd que celui qui ne veut rien entendre et, en ce qui nous concerne, la bureaucratie de la rue Oudinot paraît atteinte d'une surdité peu commune.

A la requête présentée en notre nom par M⁰ Mornard, le Ministère a opposé une fin de non-recevoir (pièce annexe n° 5), parce qu'il a été constaté :

« 1° Que c'est à tort que les indigènes de l'île Sainte-
« Marie affirmaient avoir acquis tous les droits des
« Français d'origine par le fait de la cession de leur
« pays à la France en 1750; — 2° Qu'à aucune époque
« aucun acte ne leur avait conféré la qualité de ci-
« toyen français; — 3° Qu'en l'absence de tout acte
« de cette nature, ils n'avaient été appelés ni sous
« le régime de la Constitution de l'an III, ni en 1848,
« ni depuis 1870, à élire des représentants aux Assem-
« blées politiques françaises; — 4° Que, rattachée ad-
« ministrativement, comme dépendance, au gouverne-
« ment de la Réunion, de 1825 à 1843 et de 1870 à
« 1888, l'île de Sainte-Marie n'avait pas été repré-
« sentée davantage au Conseil colonial (sous le régime
« de la loi de 1833) ou au Conseil général de la Réu-
« nion ; — 5° Qu'en 1892, lors de l'élection d'un dé-
« légué pour Sainte-Marie et Diégo-Suarez au Conseil
« supérieur des Colonies, aucun indigène de Sainte-
« Marie n'avait été inscrit sur les listes électorales sur

« lesquelles ne peuvent être portés, aux termes du
« décret du 10 octobre 1883, que des citoyens français ».

Ce raisonnement serait parfait s'il était exact que la
qualité de citoyen, quand il s'agit d'un français *natif*
ou *assimilé*, doive être conférée par un acte, et si
l'électorat politique était la condition *sine qua non* de
l'état de citoyen.

Or, il n'y a aucune disposition législative qui subor-
donne l'acquisition de la qualité de citoyen à un acte
préalable ni à une condition potestative quelconque,
quand il s'agit, je le répète, d'un Français natif ou
assimilé.

D'après la définition qu'en donne l'art. 2 de la
Constitution de l'an VIII, cette qualité est *immanente*
en chacun des Français : « Est citoyen tout Français
âgé de 21 ans » (Dalloz, *Jurisprudence générale ;* voy.
Droit politique). La loi est formelle à ce sujet, et il
semble que son interprétation ne puisse donner lieu,
en l'espèce, à aucune controverse.

D'ailleurs, il convient de faire ici une remarque qui
n'est pas sans importance. C'est que, depuis l'an VIII,
aucune définition nouvelle du citoyen n'a été donnée;
et la loi du 26 juin 1880, modifiant les articles 7 et
suivants du Code civil, a même été jusqu'à remplacer
l'expression « qualité de citoyen » par « droits politiques ». Ce qui paraît suffisamment impliquer, chez
le législateur, l'idée que l'acquisition de la qualité de
citoyen est hors de toute contestation. Les droits politiques, se rapportant à la *capacité* des personnes, peuvent plus ou moins être étendus, suivant des circon-
stances de temps, de lieu, ou autres, mais la qualité de
citoyen, étant constitutive de *l'état* des personnes, est
immuable, si je puis m'exprimer ainsi.

Quant au droit de vote, il est évidemment l'une des modalités, l'un des attributs essentiels de la qualité de citoyen, mais son exercice ne constitue pas la condition *sine qua non* de cette qualité. La preuve en est qu'en France, avant 1848, l'électorat était subordonné à un cens électoral tel que la grande partie de la nation était privée du droit de vote. Aux colonies, ce droit a été supprimé aussi pendant tout le second Empire. Les Français de France et ceux des Colonies n'en restaient pas moins citoyens. Le même cas se retrouve actuellement dans certaines colonies non représentées au Parlement.

Donc, pour être citoyen, il suffit d'être Français et majeur.

Ce principe posé, il s'agit maintenant de savoir si les Saintmariens sont Français. Là est toute la question.

Incontestablement, nous sommes Français.

Nous le sommes par suite : 1° de l'annexion de notre pays à la France par voie de cession volontaire depuis 1750 ; 2° de l'application à Sainte-Marie et aux Saintmariens, sans réserve ni restriction, des lois, décrets et ordonnances qui ont promulgué ou modifié à la Réunion la législation *civile*, commerciale et criminelle de la métropole (Décret du 28 octobre 1887). Et ce n'est pas seulement de cette époque qu'on nous a appliqué la législation française. Ce décret n'a fait que consacrer un état de choses préexistant chez nous depuis très longtemps. En un mot, nous sommes Français par une sorte de prescription acquisitive de la qualité de citoyen, par le bienfait de la loi.

C'est à cette conclusion qu'a abouti M. le Procureur général Girard dans son rapport sur la question Saintmarienne (pièce annexe n° 6). « Je suis ainsi amené, déclare ce haut fonctionnaire, à dire que ces indigènes (les Saintmariens) sont Français..... » Mais, ainsi que je l'ai démontré dans mon *Nouvel Essai* (pièce annexe n° 7), le chef du service judiciaire à Madagascar n'a pas tiré les conséquences nécessaires, ni de cette constatation, ni des textes qu'il a cités dans son rapport de 1900.

On pourrait nous objecter que tous les indigènes des colonies sont aussi des Français et qu'il ne s'ensuit pas qu'ils soient citoyens à leur majorité. D'accord ; mais il faut distinguer. Ces indigènes sont Français sans l'être d'une façon parfaite, puisqu'ils conservent toujours leurs lois et coutumes au point de vue des droits civils. Ils ne sont, en réalité, que des *sujets* français. Pour devenir citoyens, il leur faut abandonner leur statut personnel et obtenir, en outre, l'agrément du gouvernement. Cette dernière condition n'est même pas nécessaire dans les établissements français de l'Inde, où la simple renonciation équivaut à une déclaration acquisitive de la qualité de citoyen (Décret du 21 septembre 1881).

Le principe de la renonciation au statut personnel subit toutefois certaines dérogations. C'est ainsi qu'à Tahiti les indigènes qui ont obtenu le bénéfice de la nationalité française, à la suite de la cession volontaire de leur pays à la France (Décret du 30 décembre 1880), ont conservé leurs lois, coutumes et tribunaux indigènes (Déclaration du roi Pomaré V, en date du 29 juin 1880. Voir le texte dans *Un siècle d'expansion coloniale*, par MM. Marcel Dubois et Terrier, p. 1026). Au Sénégal aussi, il a été jugé que, de ce que les indigènes ont été admis à exercer le droit de vote, il n'en résulte pas qu'ils soient soumis à la loi française, par exemple en matière de succession (Cass. 19 octobre 1891. Bull. civ. n° 253). Il en est de même dans l'Inde pour les non-renonçants. Ce sont là des anomalies vraiment étranges, mais ces exceptions n'empêchent pas la règle d'exister.

Au reste, le Ministère sait parfaitement bien que la qualité de citoyen ne se confère par un acte du pouvoir que quand il s'agit d'un *indigène qui a conservé son statut personnel*, c'est-à-dire, d'un sujet français régi par les lois et coutumes de son pays. C'est cette disposition que nous voyons dans tous les décrets relatifs à la naturalisation des indigènes. Nous n'avons pas à envisager ici le cas d'un étranger.

Le Ministère est tellement bien fixé sur ce point que, pour violer par un moyen détourné nos droits acquis à la nationalité française, il s'est décidé à faire décréter, à la date du 3 mars 1909, que « l'indigène né à Madagascar ou dans ses dépendances avant ou après l'annexion est *sujet* français », nous englobant ainsi dans cette définition, puisque Sainte-Marie est une dépendance de Madagascar. La violation n'en est pas moins flagrante, mais elle est, paraît-il, légale. On n'a tenu aucun compte de l'intangibilité des droits acquis quand ces droits se rapportent à l'état des personnes ni du principe de la non-rétroactivité des lois.

Il me reste maintenant à dire un mot des arguments que le Ministère tire de notre non-participation à l'électorat politique. Ces arguments n'ont rien de probant. Pas plus que nous, les Français de la métropole ou de la Réunion habitant Sainte-Marie n'ont voté ni en 1848 ni depuis 1870. Et si, en 1892, lors de l'élection d'un délégué au Conseil supérieur des Colonies, l'administration locale a cru devoir omettre notre inscription sur les listes électorales, cela ne prouve aucunement que nous n'ayons pas acquis la qualité de citoyen, mais simplement que l'administration nous l'a alors contestée.

Nous aurions dû, pour le principe, nous pourvoir au Conseil d'État, et il est certes bien regrettable que nous ne l'ayons pas fait. Mais cette omission ne saurait en rien annuler nos droits acquis.

Est-il besoin de rappeler ici que cette même administration, qui ne voulait pas nous faire voter, s'est empressée de constater deux ans plus tard, qu'il y avait tout de même 1200 Saintmariens inscrits sur ses registres d'inscription maritime (lettre de M. le Gouverneur de Diégo-Suarez, en date du 20 janvier 1894), et qu'en 1895, lors de l'expédition de Madagascar, elle a su faire appel à ces « braves enfants de la France », comme elle nous appelait alors. Nous n'avons pas marchandé notre dévouement à la mère-patrie et nous avons répondu à l'appel. Nous constatons aujourd'hui qu'on a une bien singulière façon de reconnaître notre empressement.....

Je dois dire enfin que, en soutenant que nous sommes Français, nous ne prétendons pas du tout avoir acquis « *tous les droits* des Français d'origine ». Loin de là. Il ne faut pas que le Ministère nous prête des prétentions que nous n'avons pas. Nous sommes plus modestes. Nos revendications s'arrêtent à la « qualité de citoyen ». La distinction n'est pas sans importance.

En nous reconnaissant la qualité de citoyen, que nous avons incontestablement acquise, ainsi que je viens de le démontrer, le gouvernement nous met tout simplement à l'abri des atteintes du code de l'indigénat et des tribunaux indigènes. Il n'en résulte point qu'il faille nous accorder immédiatement le droit de vote. Peu nous chaut l'électorat dans notre petite île. Nous ne tenons pas du tout à l'introduction, chez nous, de cette bonne fabrique de haines et de cet élément de désordre. Que la sagesse gouvernementale nous en préserve !

Ce qui nous importe, ce que nous demandons instamment, c'est le maintien du statut français qui nous régissait jusqu'à présent, ce sont les garanties de justice et d'impartialité que nous trouvions près des tribunaux français, c'est le retour à la situation dans laquelle nous nous trouvions avant les décrets des 3 mars et 9 mai 1909.

En résumé, Messieurs, il ne s'agit pas de nous accorder de nouveaux droits, mais seulement de maintenir ceux que nous avons acquis d'une façon si imprescriptible à la nationalité française.

La question saintmarienne est, faut-il le dire, une simple question d'équité, de justice élémentaire. Avec un peu de bienveillance on la résoudrait facilement en notre faveur.

M. le Gouverneur général Picquié, qui a bien voulu me recevoir avant son départ pour Madagascar, n'a pas hésité à me déclarer que nos revendications sont légitimes ; mais il a ajouté que les textes législatifs (Décrets de 1909) sont contre nos prétentions. Notre nouveau Gouverneur général m'a formellement promis que, au cas où il serait consulté sur cette question, son avis nous serait favorable.

En présence de la décision ministérielle contenue

dans la lettre du 6 août ci-jointe et du caractère législatif des décrets des 3 mars et 9 mai 1909, il ne nous reste plus qu'un seul recours : c'est de nous adresser à vous, législateurs, qui êtes les juges suprêmes dans une affaire comme celle-ci. C'est la mission que m'ont confiée mes pauvres compatriotes qui, là-bas, attendent anxieux mais confiants la décision que vous prendrez pour fixer notre sort.

Si vous estimez, Messieurs, que, cent soixante ans après l'annexion de notre petit pays à la France, nous sommes encore indignes de la nationalité française ; si vous estimez que, après avoir entièrement adopté vos mœurs qui sont devenues les nôtres, après nous être soumis aux lois françaises, après avoir payé l'impôt sacré du sang, nous sommes encore indignes du titre de citoyen français ; eh bien, soit ! nous n'avons pas la prétention d'être Français malgré vous ; rejetez-nous du sein de la mère-patrie.

Mais si, au contraire, nous n'avons rien fait pour mériter un tel châtiment, une telle déchéance ; si la généreuse et noble France ne peut renier son passé ; si enfin la devise républicaine n'est pas une simple fiction, vous saurez, Messieurs, réparer l'injustice dont nous souffrons si vivement. Vous nous réintégrerez dans la grande famille à laquelle nous avons tout fait pour appartenir, en déclarant que la nationalité française est et reste acquise aux originaires de l'île Sainte-Marie de Madagascar.

Et ce sera justice.

Joachim FIRINGA.

TABLE DES MATIÈRES

LE PUY-EN-VELAY, IMP. PEYRILLER, ROUCHON ET GAMON, BOULEVARD CARNOT, 23.

LA QUESTION SAINTMARIENNE

RÉSUMÉ

L'île Sainte-Marie de Madagascar fut annexée au domaine colonial de la France par voie de cession volontaire, faite le 30 juillet 1750.

Par suite de cette annexion et de la politique d'assimilation appliquée pendant très longtemps dans la petite île, les Saint-mariens acquirent la qualité de citoyens français.

Effectivement, on appliqua à Sainte-Marie, sans réserve ni restriction, tous les actes qui ont promulgué ou modifié, à la Réunion, la législation civile, commerciale et criminelle dans la métropole.

Soumis au service militaire et aux lois françaises, les Saint-mariens furent traités en citoyens français et se considérèrent comme tels, remplissant des fonctions publiques qu'ils n'auraient pu exercer sans jouir de leurs droits civiques.

Mais à la suite de la conquête et de l'annexion de Madagascar, Sainte-Marie fut, en janvier 1896, rattachée à la grande île.

Ce rattachement d'une petite et très ancienne colonie à une colonie grande et très récente créa une situation bâtarde aux Saintmariens. Peu à peu l'Administration locale en vint à leur contester la qualité de citoyen, et cela malgré une jurisprudence établie qui reconnaissait formellement leur assimilation aux Français d'origine.

La politique régressive poursuivie par l'Administration locale aboutit à la promulgation des décrets des 3 mars et 9 mai 1909, qui assimilèrent complètement les originaires de l'île Sainte-Marie aux anciens sujets du gouvernement hova.

Les Saintmariens protestèrent énergiquement contre une telle violation de leurs droits acquis. Des manifestations eurent lieu dans la petite île et, malgré l'ordre formel et réitéré qui lui avait été donné, la population entière vint manifester à la résidence de l'administrateur-maire.

Les originaires de l'île Sainte-Marie conflèrent alors à l'un des leurs, au citoyen Joachim Firinga, la mission de se rendre à Tananarive d'abord et à Paris ensuite afin de revendiquer leurs droits méconnus.

Ils chargèrent en même temps M⁰ Henry Mornard, l'éminent avocat au Conseil d'État et à la Cour de Cassation, de présenter en leur nom une requête au Ministère des Colonies, tendant à obtenir la modification ou l'abrogation, en ce qui concerne Sainte-Marie, des décrets des 3 mars et 0 mai 1909.

Mais le département opposa une fin de non-recevoir à cette requête.

En présence de cette décision ministérielle, Joachim Firinga adressa une pétition au Parlement.

Il y a lieu de remarquer que le nouveau gouverneur général de Madagascar, M. Picquié, consulté à ce sujet, déclara formellement au délégué saintmarien que les revendications de ses concitoyens étaient légitimes, mais qu'elles se heurtaient aux dispositions des décrets de 1909.

Ce sont donc ces textes législatifs qu'il conviendrait de modifier, car ils constituent une violation manifeste des droits imprescriptibles que les Saintmariens ont acquis à la pleine nationalité française.

En un mot, les originaires de Sainte-Marie protestent contre la *diminutio capitis* qu'on leur inflige gratuitement. Régis exclusivement et entièrement par les lois françaises, ils sont citoyens français et veulent rester citoyens français.

PUBLICATIONS DU COMITÉ

Texte détérioré — reliure défectueuse

NF Z 43-120-11

Contraste insuffisant

NF Z 43-120-14